Jutta Treiber

Max und Marzipan

Mit Illustrationen von
Anna Kosanova

Der G&G-Lesezug™

www.ggverlag.at

ISBN 978-3-7074-0346-6

In der neuen Rechtschreibung 2006

4. Auflage 2010

Illustration: Anna Kasanova
Printed in Europe

Inhalt

Auf Wiedersehen, Marzipan

Papa trägt den Koffer ins Auto. Mama schnallt Gerd im Kindersitz an. Marci setzt sich neben Gerd auf den Rücksitz. Mama sitzt vorne.

Papa fährt los.

Mama dreht sich zu Marci um. „Und du wirst dich sicher nicht fürchten?“, fragt sie.

„Warum soll ich mich fürchten?“, fragt Marci erstaunt.

„Na ja, vor den Pferden“, sagt Mama. „Weil die so groß sind.“

Marci schüttelt den Kopf. „Ich fürchte mich nicht vor Pferden“, sagt sie.

Nun wendet auch Papa halb den Kopf und fragt: „Und du wirst auch kein Heimweh kriegen?“

„Geh, Papa“, sagt Marci. „Ich bin doch schon halb neun!“ Marci ist acht Jahre alt. Eigentlich achteinhalb. Aber sie sagt immer, sie ist halb neun. Dann lachen Papa und

Mama. Und Gerd lacht mit, obwohl er kein Wort versteht.

Marci ist ein ungewöhnlicher Name. Marci heißt deshalb Marci, weil ihre Mama in Ungarn geboren ist. Aber seit sie Marcis Papa geheiratet hat, lebt sie in Österreich.

Am Anfang hat Marci ihr Name gar nicht gefallen. Weil niemand anderer so heißt. Aber inzwischen ist sie stolz darauf, einen ungewöhnlichen Namen zu haben.

Marcis Mutter heißt Ilona und Marcis Vater heißt Fritz. Ihr kleiner Bruder heißt Gerd. Er ist erst ein halbes Jahr alt. Halb eins, sagt Marci.

Es ist Sonntag.
Der zweite
Ferientag.

Am Freitag
war Zeugnisver-
teilung.

Marci hat ein gutes Zeugnis bekommen. Mama und Papa sind stolz auf Marci. Gerd versteht das mit dem Zeugnis noch nicht. Als Marci es ihm gezeigt hat, wollte er es in den Mund nehmen und daran kauen.

Samstag hat Mama Marcis orangen Rucksack gepackt. Sie hat alles Wichtige hineingelegt.

Eine dünne Luftmatratze, einen Schlaf-sack, Turnschuhe, Jeans und noch viele

andere Sachen. Auch eine Taschenlampe und zwei Bücher.

In der Nacht von Samstag auf Sonntag hat Marci gar nicht schlafen können. Vor lauter Aufregung und Freude. Denn diese

Ferien werden die schönsten Ferien werden, die Marci jemals erlebt hat. Das weiß sie. Mama und Papa haben ihr den allergrößten Wunsch erfüllt: Marci darf in ein Reitlager fahren. Eine Woche, ganz allein.

Zuerst waren sie ja dagegen. Sie haben gemeint, dass Marci noch zu klein dafür ist. Marci ist noch nie allein weggefahren. Aber Marci wollte unbedingt. Denn Reiten lernen, das war schon immer ihr Traum.

Die Fahrt dauert Marci viel zu lang. „Sind wir noch nicht da?", fragt sie ungeduldig. Um sie abzulenken, sagt Papa ihr ein Sprüchlein vor. Das hat er schon immer gemacht, seit Marci klein war.

„Auf dem Pferd
sitzt der Gerd.
Das Pferd bleibt steh´n,
mag nicht mehr geh´n.
Das Pferd spielt nicht mehr mit,
tut keinen einz´gen Schritt."

Nach dreimal Aufsagen kann Marci das Sprüchlein auswendig.

Endlich ist es so weit.

Papa fährt von der Schnellstraße ab und biegt in eine Landstraße ein. Nach ein paar Kilometern sieht

Marci auf der rechten Seite drei große Gebäude. Das muss der Reiterhof sein.

Marcis Herz schlägt ganz schnell.

Papa fährt langsam auf den Reiterhof und parkt das Auto vor dem ersten großen Gebäude.

Marci springt aus dem Auto. „Da ist der Stall“, ruft sie und geht hinein. Marci schnuppert und atmet die Luft tief ein. Es riecht nach Pferden und Heu und Stroh und Leder. Und ein bisschen nach Pferdemist. Marci schnuppert noch einmal. Dann geht sie weiter in den Stall hinein. Zehn Pferde stehen in den Boxen. Braune und weiße und schwarze und rotbraune. Sie sind wirklich sehr groß. Mama hat Recht gehabt.

Aber dann sieht Marci ein kleineres Pferd mit hellbraunem Fell und einer fast weißen Mähne. Marci bleibt vor der Box stehen. Da ist ein Namensschild angebracht. Darauf steht MAXI. Das Pferd schaut Marci neugierig an und schnaubt leise.

Mama ist Marci in den Stall gefolgt. „Das ist ein Haflinger", sagt sie. „Der wär was für dich."

Marci nickt. Sie hat sich schon in Maxi verliebt.

Eine ältere Frau in Reithosen und Stiefeln kommt auf Marci und Mama zu und begrüßt sie herzlich. Sie ist die Besitzerin des Reitstalls und heißt Helga Hoffmann.

„Du bist also Marci“, sagt sie. „Ich hoffe, es wird dir bei uns gefallen.“

Marci nickt ganz heftig. „Darf ich auf Maxi reiten?“, fragt sie.

„Gute Idee“, sagt Frau Hoffmann. „Der Maxi ist kleiner als die anderen Pferde und du bist kleiner als die anderen Kinder“, sagt Frau Hoffmann. „Ihr werdet also gut zusammenpassen.“ Marci strahlt wie die Sommersonne am blauen Himmel. Frau Hoffmann zeigt Marci auch das andere große Gebäude. Das ist die Reithalle.

Daneben gibt es zwei Reitplätze. Im dritten Gebäude ist ein Büro untergebracht und hier gibt es auch Duschen und Klos.

Hinter diesem Haus stehen ein paar Zelte. In einem davon wird Marci schlafen. Sie ist ganz aufgeregt. Sie hat noch nie in einem Zelt geschlafen.

Gerd beginnt zu weinen. Papa will ihn beruhigen, aber ohne Erfolg. Zwei Autos fahren auf das Gelände des Reiterhofes. Marci will nicht, dass die anderen Mädchen oder Buben sie mit dem kleinen, plärrenden Bruder sehen.

„Ihr könnt schon fahren“, sagt Marci zu Mama und Papa.

Papa zwinkert Mama zu. „Unser großes

Mädchen will allein sein“, sagt er und gibt Marci einen Kuss.

Mama gibt ihr auch einen Kuss, aber sie schaut ein wenig nervös aus. Sie geht zu Frau Hoffmann und fragt, ob es in Ordnung ist, wenn sie jetzt fahren.

Frau Hoffmann lacht. „Aber natürlich. Wir kümmern uns schon um Ihre kleine Marci.“

Mama schaut noch immer ein wenig unsicher. Ihr ist es gar nicht recht, Marci allein zu lassen. Doch Papa drängt sie ins Auto.

„Komm“, sagt er. „Irgendwann muss man seine Kinder loslassen, auch wenn es schwer fällt.“ Mama verdreht die Augen und murmelt irgendetwas auf Ungarisch,

was außer ihr keiner versteht. Papa und Marci können nämlich nur ein bisschen Ungarisch. Marci ärgert sich, wenn sie Mama nicht versteht. „Ich muss besser Ungarisch lernen“, denkt sie.

„Auf Wiedersehen, Marcikám", sagt Mama. Das ist Ungarisch und heißt so viel wie „mein kleines Marcilein".

Marci hört, wie irgendjemand murmelt: „Auf Wiedersehen, Marzipan."

Marci gibt Gerd einen Kuss. Da weint er noch mehr. Aber sobald er im Auto sitzt, schläft er ein.

Mama winkt Marci zu. So ein trauriges Gesicht hat Mama noch nie gemacht. Aber Marci hat jetzt keine Zeit, darüber nachzudenken.

Gute Nacht, Marzipan

Inzwischen sind noch ein paar Autos angekommen und es stehen eine Menge Leute herum. Ein paar Erwachsene und außer Marci noch acht Kinder. Na ja, Kinder ... Sie sind älter als Marci. Älter als halb neun. Und sie tragen alle Reithosen und Stiefel. Marci hat nur Jeans und Turnschuhe. Mama hat gemeint, Stiefel und Reithosen sind teuer, und für den Anfang genügen Jeans und Turnschuhe auch. Und einen Reiterhelm kann sie sich hier ausborgen.

Nachdem alle Eltern abgefahren sind, trommelt Frau Hoffmann die Kinder zusammen und stellt ihnen ihre Tochter Liane vor.

Die ist auch Reitlehrerin und wird mit den

Fortgeschrittenen üben. Frau Hoffmann selbst wird die Anfängergruppe unterrichten.

Alle setzen sich an den großen Tisch in der Nähe der Zelte. Zwei Buben und sieben Mädchen. David und Thomas sind zehn Jahre alt, Judith und Anita, zwei gute

Freundinnen, sind schon dreizehn, Lore, Sissi, Edith und Ina sind elf. Sie kennen sich vom letzten Sommer, wo sie zum ersten Mal auf dem Reitlager waren.

„Und das ist Marci", sagt Frau Hoffmann, „unsere Kleinste. Also, seid nett zu ihr." Alle schauen Marci an, aber niemand sagt etwas. Marci auch nicht. Sie weiß nicht, was sie sagen soll. Nur irgendjemand murmelt „Marzipan".

Alle brennen schon darauf, dass es endlich losgeht.

Frau Hoffmann hat die Pferde satteln lassen. Ein Pferdepfleger führt sie aus dem Stall. Jeder bekommt ein Pferd zugewiesen. Die Fortgeschrittenen gehen mit Liane auf den einen Reitplatz. Sie werden zwei Stunden in der Bahn reiten.

Die Anfänger gehen mit Frau Hoffmann auf den zweiten Reitplatz. Außer Marci noch Thomas und Anita. Judith hat ihrer Freundin Anita voriges Jahr so viel von dem Reitlager erzählt, dass Anita heuer unbedingt mitfahren wollte.

Die Pferde gehen an der Longe. Marci darf auf dem Haflinger Maxi reiten, wie sie sich das gewünscht hat. Frau Hoffmann hilft ihr beim Aufsteigen. Die Pferde gehen langsam los. Immer schön im Kreis. Frau Hoffmann erklärt, was man alles beachten muss: gerade sitzen, die Bewegung des Pferdes mitmachen, weich im Kreuz sein, die Unterschenkel an das Pferd drücken, die Fersen hinunterdrücken. Nach ein paar Runden gibt es zusätzliche Aufgaben: die Schultern kreisen, die Arme zur Seite strecken, die Arme kreisen, den Kopf kreisen. Sich hinten am Sattel festhalten und vorne die Beine gestreckt hochheben.

„Thomas, Kopf hoch, gerade sitzen", sagt

Frau Hoffmann. „Anita, ein bisschen weicher im Kreuz. Marci, du machst das wunderbar. Du bist ein echtes Naturtalent!"

Marci strahlt. Reiten ist wunderbar.

Als sie nach der Reitstunde die Pferde in den Stall führen, sagt Anita anerkennend: „Du hast das wirklich toll gemacht!"

Marci strahlt noch mehr.

Nach dem Reiten sind alle hungrig. Es gibt frisches Brot und frische Butter, Käse, Paradeiser und Paprika, und dazu süßen Apfelsaft.

Alle sind schon in ihren Zelten und machen es sich gemütlich. David und Thomas in einem Zelt, Judith und Anita im anderen,

die vier Mädchen, die sich vom letzten Jahr kennen, im dritten. Nur Marci sitzt allein an dem großen Tisch und weiß noch immer nicht, bei wem sie heute schlafen wird. Sie kann doch nicht allein in einem Zelt ...

Da sieht sie Frau Hoffmann und ihre Tochter Liane vorbeigehen und hört, wie Frau Hoffmann zu Liane sagt: „Was sollen wir denn mit der kleinen Marci machen? Das andere neunjährige Mädchen ist krank geworden und wird daher nicht kommen. Und jetzt passt Marci nirgends so richtig dazu. Bei den vier jüngeren Mädels ist kein Platz mehr und die beiden Großen, ich weiß nicht ..."

Sie gehen weiter. Marci kann nicht mehr hören, was sie reden. Sie schleicht näher an die beiden heran. Die stehen vor dem Zelt von Judith und Anita. Marci versteckt sich hinter einem Baum.

Frau Hoffmann sagt zu Judith und Anita:

„Ich habe eine große Bitte: Könnte Marci mit euch im Zelt schlafen?"

„Kommt nicht in Frage", sagt Judith. „Ich bin zum Vergnügen hier und nicht zum Babysitten." Anita sagt nichts.

„Nein", sagt Judith noch einmal. „Anita und ich, wir wollen unseren Spaß haben und am Abend miteinander tratschen und lachen und da können wir Marci nicht brauchen."

Da laufen Marci dicke Tränen über die Wangen. Ganz dicke, salzige Tränen. Warum ist Marci nur hierher gekommen? Allein? Mama hat sowieso gesagt, dass sie noch zu klein dafür ist. Aber Marci hat ihr nicht glauben wollen. Wenn nur Mama und Papa hier wären! Und Gerd. Am Abend knuddelt er immer mit Marci im Bett herum.

Sie kitzelt ihn an den Fußsohlen und er lacht ganz laut. Bevor er ins Bett geht, greift er mit seinen Patschhänden in Marcis Gesicht und sie gibt ihm einen dicken Gutenachtkuss. Und wenn Marci ins Bett geht, liest Mama ihr eine Gutenachtgeschichte vor. Oder sie singt ihr ein Lied vor. Auf Deutsch oder auf Ungarisch.

Ein lautes Schluchzen springt plötzlich aus Marcis Mund. Marci ist selbst erschrocken, wie laut es ist, sie hat das gar nicht gewollt. Und natürlich haben jetzt alle bemerkt, dass Marci gelauscht hat.

Frau Hoffmann dreht sich nach ihr um. „Aber Marci“, sagt sie, „du musst nicht weinen.“ „Doch, ich muss“, schluchzt Marci.

Und dann sagt sie, ganz leise: „Ich will nach Hause."

„Da haben wir den Salat", sagt Judith. Anita sagt noch immer nichts. Aber die kleine schluchzende Marci tut ihr Leid. Sie ist so ein liebes Mädchen. Mit ihrem roten Pferdeschwanz und ihren dunklen Augen. Wenn es nach Anita ginge, würde sie die kleine Marci bei sich im Zelt schlafen lassen. Aber ihre Freundin Judith will sie natürlich auch nicht verärgern.

Da sagt Liane leise zu ihrer Mutter: „Ich wäre zwar auch lieber allein gewesen und hätte wenigstens am Abend gern meine Ruhe gehabt, aber es ist wichtiger, dass Marci getröstet wird."

Frau Hoffmann wirft ihrer Tochter einen dankbaren Blick zu. Und zu Marci sagt sie: „Du wirst mit Liane zusammen in einem Zelt sein. Ist das o.k. für dich?“

Marci nickt unter Tränen.

Liane holt Marcis Koffer und hilft ihr beim Auspacken.

„Und jetzt sagen wir den Pferden gute Nacht“, sagt Liane, als sie fertig sind.

Sie gehen in den Stall. Liane ruft die Pferde, streichelt sie an der Nase, gibt ihnen einen Kuss zwischen die Nüstern und sagt jedem

einzelnen Pferd gute Nacht. Marci streichelt vorsichtig Maxis Nase. Einen Kuss traut sie sich ihm nicht zu geben.

Als Marci und Liane auf ihren Luftmatratzen liegen und sich in ihre Schlafsäcke gehüllt haben, erzählt Liane von den Pferden. Dass Maxi ein ganz besonders liebes und braves Pferd ist, auf dem auch Behinderte reiten können. Dass der braune Blitz entgegen seinem Namen eher langsam ist. Dass die schwarze Zara schon zwanzig Jahre alt ist, aber immer noch sehr schnell galoppieren kann.

„Und jetzt schlaf gut“, sagt Liane. „Gute Nacht, Marzipan!“

Da muss Marci lachen.

Im anderen Zelt liegen Anita und Judith. Aber sie lachen nicht. Anita denkt an Marcis traurige Augen. Judith ärgert sich, weil Anita sich so viele Sorgen um Marci macht. Dieses Baby wird ihr noch den ganzen Reitkurs versauen.

In der Nacht wacht Marci auf. Hat sie geträumt? Sie hat so ein komisches Geräusch

gehört. Tapsende Schritte und ein leichtes Säuseln. Und jetzt sieht sie auch einen kleinen Lichtpunkt, der sich hin und her bewegt. Und hört eine Stimme. Ganz leise, aber dafür umso gruseliger.

„Pferdefuß und Warzenschwein,
Marci ist ja so allein,
Gelsenblut und Sonnenstich,
die Pferdegeister holen dich!"

Marci sitzt starr vor Schreck und wagt sich nicht zu rühren. Etwas Weißes schiebt sich beim Zelt herein.

Marci schreit laut auf.

„Was ist los, Marzipan?“, fragt Liane.

„Da, da, da …“ stottert Marci, „ein Gespenst!“

Liane knipst ihre Taschenlampe an. Das Gespenst ist nicht mehr zu sehen. „Du hast geträumt, Marzipan“, murmelt Liane und schläft sofort wieder ein. Marci aber liegt noch lange wach. Ihr Herz klopft wild. Lange Zeit wagt sie nicht, die Augen zuzumachen. Sie starrt ängstlich zum Zelteingang. Doch das Gespenst lässt sich nicht mehr blicken.

Am nächsten Morgen weiß Marci nicht, ob sie geträumt hat oder ob da wirklich ein Gespenst war. Aber kann man ein Gespenst so echt träumen?

Sei nicht traurig, Marzipan

Die Sonne scheint, es wird ein heißer Tag. Marci reitet wieder auf Maxi. Heute gehen die Pferde nicht nur im Schritt, sondern auch schon im Trab. Das ist anstrengend. Man muss sich bei jedem zweiten Schritt des Pferdes ein bisschen aus dem Sattel heben und manchmal kommt man aus dem Tritt.

Frau Hoffmann sagt ein Sprüchlein auf, damit die Anfänger den Takt besser halten können.

„Eins, zwei – Kinderei,
drei, vier – großes Tier,
fünf, sechs – kleine Hex,
sieben, acht – so wird´s gemacht!"

Während sie reitet, vergisst Marci alles:

das Gespenst und auch das Heimweh. Aber am Nachmittag, als sie zu einem kleinen Badesee fahren, schleicht sich das Heimweh wieder an. Thomas und David stecken immer beisammen, die vier jüngeren Mädchen ebenfalls, und Judith und Anita sowieso.

Thomas und David haben das Sprungbrett belagert und üben Köpfler und Salto. Lore, Sissi, Edith und Ina schwimmen um

die Wette. Judith und Anita sitzen unter einem Baum und erzählen einander ihre Geheimnisse.

Marci sitzt allein auf ihrer Decke.

„Sei nicht traurig, Marzipan!“, sagt Liane und setzt sich zu ihr. „Morgen schaut die Welt schon wieder anders aus.“

Aber Marci glaubt ihr das nicht.

Am späten Nachmittag gibt es wieder eine Reitstunde. Die Anfänger gehen noch immer an der Longe. Sie versuchen jetzt das „Aussitzen“. Das heißt, dass man beim Traben versucht, im Sattel sitzen zu bleiben. Da wird man ziemlich durcheinander gebeutelt. Aber Marci schafft es sehr bald

und bleibt fest im Sattel sitzen.

„Die kleine Marci ist wirklich sehr talentiert“, denkt Frau Hoffmann bei sich. „So eine geschickte Anfängerin hab ich noch selten gehabt.“

Anita reitet vor Marci. Plötzlich sieht Marci, wie Anitas rechter Fuß aus dem Steigbügel rutscht. Anita kann das Gleichgewicht nicht halten und stürzt vom Pferd.

Erschrocken hält Frau Hoffmann die Pferde an. „Anita, hast du dir weh getan?“, fragt sie.

Langsam steht Anita auf. „Der Arm …“,

sagt sie. Marci sieht, dass Anita Tränen in den Augen hat.

Frau Hoffmann beendet die Reitstunde vorzeitig. Die Fortgeschrittenen sind noch auf dem anderen Reitplatz. Sie haben Anitas Sturz nicht bemerkt. Der Pferdepfleger bringt die Pferde in den Stall.

„Wir lassen das auf jeden Fall anschauen", sagt Frau Hoffmann zu Anita. „Ich bring dich zum Arzt."

„Darf ich mitfahren?", fragt Marci. Frau Hoffmann überlegt kurz, dann nickt sie. Und auch Anita nickt Marci dankbar zu.

Es ist nur eine kurze Fahrt. Der Arzt untersucht Anitas Arm und stellt fest, dass er nicht gebrochen ist.

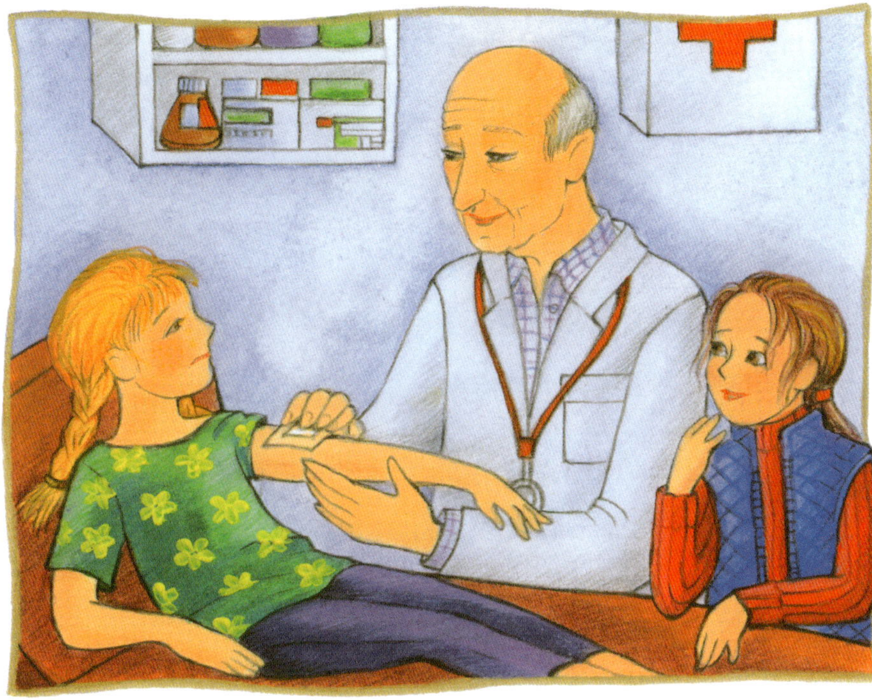

„Aber eine Prellung tut auch ziemlich weh. Das wird schon ein paar blaue Flecken geben“, sagt er.

„Darf ich jetzt nicht mehr reiten?“, fragt Anita und hat schon wieder Tränen in den Augen.

„Nein, nein, so schlimm ist es nicht. Sei halt besonders vorsichtig!“

Anita verspricht es.

„Sei nicht traurig, Anita!“, sagt Marci, als sie wieder im Auto sitzen. „Morgen schaut die Welt schon wieder anders aus!“

Da muss Anita lachen. Denn aus dem Mund der kleinen Marci klingt dieser Satz wirklich komisch.

„Nein, Marzipan“, sagt Anita. „Ich bin nicht mehr traurig.“

Beim Abendessen an dem großen Holztisch sitzt Marci neben Anita. „Gestern Nacht hab ich ein Gespenst

gesehen", erzählt sie. Auf Judiths Gesicht erscheint ein breites Grinsen. Da weiß Marci, dass sie das Gespenst nicht geträumt hat. Und Anita weiß es auch. „Wie gemein von Judith, die kleine Marci so zu erschrecken", denkt Anita.

„Weißt du was, Marzipan", sagt Anita. „Du schläfst ab jetzt bei uns im Zelt. Das heißt, wenn du willst."

Judith wirft Anita einen giftigen Blick zu, steht vom Tisch auf und läuft weg. Anita geht ihr nach. Marci sieht, wie Anita auf Judith einredet. Am Schluss sieht sie Judith ein paar Mal nicken und dann kommen beide wieder an den Tisch zurück. Und helfen Marci beim Umräumen ihrer Sachen.

Morgen schaut die Welt schon wieder anders aus, hat Liane gesagt. Aber sie hat nicht Recht gehabt. Die Welt schaut für Marci schon heute anders aus.

Als es dunkel ist, sagt Marci zu Anita und Judith: „Und jetzt sagen wir den Pferden gute Nacht.“ „Siehst du“, sagt Anita zu Judith. „Darauf wären wir beide nicht gekommen!“

Sie gehen in den Stall. Es ist ruhig, die Pferde dösen. Maxi, Zara, Blitz und die anderen. Marci, Judith und Anita gehen die Boxen entlang, streicheln alle Pferde und sagen ihnen gute Nacht.

„Jetzt sollten wir sie aber in Ruhe lassen“, meint Anita und alle drei gehen ins Zelt.

„Kennt ihr das?“, fragt Marci, als sie in ihren Schlafsack geschlüpft ist:

„Auf dem Pferd sitzt der Gerd.
Das Pferd bleibt steh´n,
mag nicht mehr geh´n.
Das Pferd spielt nicht mehr mit,
tut keinen einz´gen Schritt.“

„Ja“, sagt Anita, „das kenn ich von irgendwo. Und man kann auch andere

Namen und andere Bezeichnungen für Pferde einsetzen." Gemeinsam verändern sie also das Sprüchlein:

„Auf dem Pony sitzt die Conni ..."

„Auf dem Gaul sitzt der Paul ..."

„Auf dem Blitz sitzt der Fritz ..."

„Auf der Zara sitzt die Mara ..."

„Auf der Stute sitzt die Pute", sagt Judith und alle drei lachen.

Du bist super, Marzipan

Es werden wirklich die schönsten Ferien, die Marci jemals erlebt hat. Am dritten Tag dürfen die Anfänger an der Longe schon ein bisschen galoppieren und später dürfen sie zum ersten Mal frei in der Bahn reiten. Sie lernen, wie man die Pferde antreibt und führt und anhält.

Und striegeln und Hufe auskratzen lernen sie auch. Aber Hufe auskratzen, das machen nur die Großen. Da hat Marci doch ein wenig Angst.

An den Nachmittagen gehen sie an den Badesee. Marci schwimmt mit den anderen um die Wette. Es macht ihr nichts aus, dass sie verliert. Hauptsache, sie darf mitmachen und ist nicht allein. Thomas zeigt ihr, wie man einen Köpfler macht. Das ist nicht leicht. Marci macht einen Bauchfleck. Und dann noch einen. Das brennt ganz schön auf der Haut. Marci will schon aufgeben, aber Thomas überredet sie, es noch einmal zu versuchen. Und plötzlich kann sie den Köpfler doch.

Judith beobachtet die beiden und sagt lachend zu Anita: „Schau dir die zwei Zwerge an. Ich glaub, der Thomas hat sich in Marzipan verliebt." Da muss Anita auch lachen.

„Weißt du", sagt Judith, „eigentlich tut es mir Leid, dass ich am Anfang so gemein zu

Marci war. Sie ist wirklich ein liebes Mädchen."

Vor dem Abendessen steckt Thomas Marci einen kleinen Zettel zu. Darauf steht: „Du bist super, Marzipan!"

David sagt: „Der Thomas hat Marci einen Liebesbrief geschrieben."

Da wird Marci ganz rot im Gesicht. Und spürt so ein seltsames Kribbeln im Bauch.

Aber Anita nickt Marci zu und sagt: „Lass ihn reden, der ist ja nur neidisch." Da wird David auch rot.

Am letzten Tag dürfen alle einen Ausritt machen. Das ist vielleicht eine Aufregung! Die Pferde werden besonders schön geputzt und sorgfältig gesattelt. Frau Hoffmann kontrolliert zwei Mal, ob auch alle Kinder einen Reiterhelm tragen. Denn im freien Gelände ist das besonders wichtig.

Liane reitet an der Spitze der Gruppe, Frau Hoffmann als Letzte. So hat sie die ganze Gruppe im Auge. Sie ermahnt alle, besonders vorsichtig zu sein.

So gehen sie beim Tor hinaus auf den Feldweg neben der Landstraße. Zuerst im

Schritt, dann traben sie ein bisschen. Aber nicht zu lang, damit es für die Anfänger nicht zu anstrengend wird. Und als sie in den Wald kommen, auf einen Weg, der ganz von Baumästen überwuchert ist, kommt sich Marci vor wie eine Märchen-

prinzessin. Liane galoppiert an, und alle hinterher. Marci hat das Gefühl, als würde sie fliegen.

Müde, verschwitzt und glücklich kommen alle wieder im Reiterhof an. Morgen wird der Reitkurs zu Ende sein.

Das Auto biegt in die Toreinfahrt ein. Mama und Papa steigen aus. Papa trägt Gerd auf dem Arm. Marci stürmt auf die drei zu und umarmt sie.

„Marcikám“, sagt Mama.

„Nicht Marcikám“, sagt Marci lachend. „Hier heiße ich Marzipan!“

„Unser großes Mädchen“, sagt Papa

stolz, „hat reiten gelernt und gar kein Heimweh gehabt."

„Außer am ersten Tag", fügt Mama hinzu.

„Wieso weißt du das?", fragt Marci verwundert.

„Ach, nur so ...", sagt Mama. In Wirklichkeit hat sie jeden Tag mit Frau Hoffmann telefoniert. Denn anders hätte sie es zu Hause nicht ausgehalten.

Mama packt Marcis Sachen zusammen. Marci verabschiedet sich von den Pferden. Maxi wendet ihr den Kopf zu und schnaubt laut. Marci streicht ihm über die Nase, dann gibt sie ihm einen Kuss zwischen die Nüstern.

„Braver Maxi", sagt Marci. „Du hast mich

nicht ein einziges Mal abgeworfen. Das vergesse ich dir nie!" Und dann flüstert sie: „Nächstes Jahr komm ich wieder. Versprochen!"

Maxi wiehert. Ganz laut.

Frau Hoffmann schenkt Marci zum Abschied ein altes Hufeisen von Maxi. Das soll ihr Glück bringen.

Dann verabschiedet sich Marci von den Kindern. Von Lore und Sissi und Edith und Ina. Von Judith und von David. Als sie Thomas die Hand gibt, spürt sie wieder dieses leichte Kribbeln im Bauch.

„Kommst du nächstes Jahr wieder?", fragt Thomas. Marci nickt. Drei Mal und ganz fest.

Zum Schluss verabschiedet sie sich von

Anita. „Danke, dass du so lieb zu mir warst“, flüstert Marci.

Anita schenkt ihr ein kleines Pferd aus Marzipan.

Der G&G-Lesezug™

Weitere Lesezug-Bücher finden Sie unter

www.lesezug.at

ISBN 978-3-7074-0388-6
3. Klasse, ab 7/8 Jahren

ISBN 978-3-7074-0343-5
3. Klasse, ab 7/8 Jahren

ISBN 978-3-7074-0348-0
3. Klasse, ab 7/8 Jahren

ISBN 978-3-7074-0347-3
3. Klasse, ab 7/8 Jahren

ISBN 978-3-7074-0354-1
3. Klasse, ab 7/8 Jahren

ISBN 978-3-7074-0352-7
4. Klasse, ab 8/9 Jahren

ISBN 978-3-7074-0389-3
4. Klasse, ab 8/9 Jahren

ISBN 978-3-7074-0350-3
4. Klasse, ab 8/9 Jahren

ISBN 978-3-7074-0351-0
4. Klasse, ab 8/9 Jahren

Weitere Bücher

ISBN 978-3-7074-0349-7
4. Klasse, ab 8/9 Jahren

ISBN 978-3-7074-1163-8
ab 9 Jahren

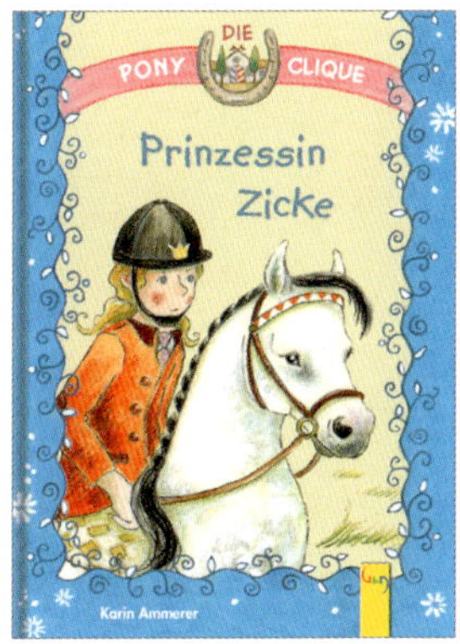

ISBN 978-3-7074-1103-4
ab 8 Jahren

ISBN 978-3-7074-1136-2
ab 8 Jahren

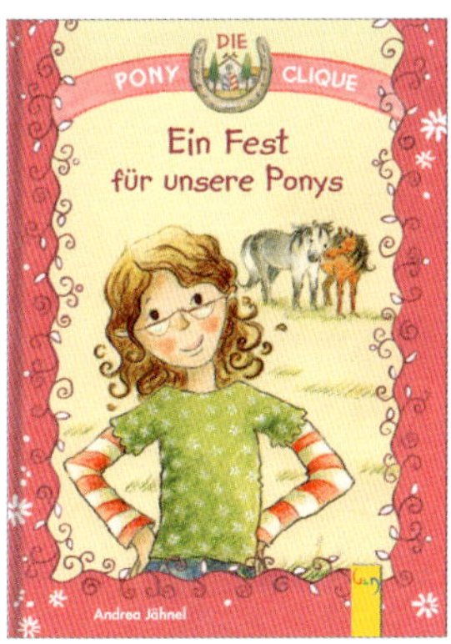

ISBN 978-3-7074-1102-7
ab 8 Jahren

ISBN 978-3-7074-1137-9
ab 8 Jahren